ザクザク食べたい

アメリカンスタイル

American Style
のお菓子

SAWAKO

主婦と生活社

はじめに

こんにちは！　お菓子研究家のSAWAKOです。
ふだんは東京・目黒区の「Fait Beau Tokyo」という教室で
お菓子づくりを教えています。
このたびは本書を手に取っていただき、ありがとうございます。

コロナ禍が明けて最初に訪れた海外はアメリカ・ロサンゼルスでした。
現地には友人も多く、何度も訪れて来た国ですが、夏から冬にかけての
長期滞在で、季節ごとに異なる多彩なスイーツと出合いました。
滞在中はホームパーティにブラウニーを持参したり、
友人とThanksgiving Dayを楽しんだり、
アメリカならではの温かいシーンを体験しました。

アメリカ菓子は、その手軽さと大らかな雰囲気が魅力です。
繊細に仕上げる必要はありません。ラフに、気楽に作ることこそが、
アメリカ菓子のおいしさを引き立てます。
本書では、日本で手に入りやすい材料を使い、
クラシカルなものから私らしいアレンジまでを揃えた
レシピをご紹介しています。

ぜひご家庭で、私がアメリカで体験したように、
家族や友人と楽しんでいただければ幸いです。

SAWAKO

アメリカの
お菓子が推せる
5の理由

アメリカのお菓子というと何を思い浮かべますか？ クッキー、スコーン、マフィン、パイなどが代表的でしょうか。じつは日本だけではなく韓国で流行しているスイーツも、アメリカの影響が色濃くあります。作ったり食べたくなったりするのにはこんな理由があると思います！

1 混ぜるだけ、焼くだけ

ボウルに入れてぐるぐる混ぜて焼くだけ。デコレーションの技術は求められていないので、不器用さんにもうれしいところ。

2 ザクッと香ばしい

カリカリに焼けたタルト生地や、焼き目のついたケーキ生地。見た目だけではなく、食感のよさや香ばしい味わいにも喜びがあります。

3 ラフに作ったほうが 実はきれいにできる

ついつい見た目に手をかけてしまいがちですが、ざっくりと作ったほうが焼き上がりがよかったりもします。頑張らないのもコツのひとつ。

4 甘さは控えめにできる でも甘〜くしたほうが おいしいものも

甘さ控えめが大好きな日本人でもおいしく食べられるレシピにしました。甘くしないとおいしさが出せないものは、無理のない範囲で甘くしています。

5 日持ちするので 友人や職場の人とシェアしやすい

完成したお菓子を配るのも、お菓子づくりの楽しさのひとつ。本書のアメリカ菓子は一度焼いているものが多く、持ち運びやすさも保存性も◎。

Contents

Part 1

Local American Sweets

Part 2
Traditional Homemade Sweets

この本での約束ごと

- 小さじ1は5㎖、大さじ1は15㎖です。
- 卵はMサイズのものを使用しています。
- バターはすべて食塩不使用（無塩）のものを使用しています。
- 生クリームは乳脂肪分40％前後のものを使用しています。
- オーブンは電気オーブンを使用しています。レシピ通りの設定温度と時間で焼けなかった場合は、レシピ内の温度設定よりも高くするか、焼き時間を少しのばして焼いてください。オーブンは機種によって差があるので、予熱を高めに設定するなど、オーブンのクセをつかむことも大事です。

1

Local American Sweets

ローカルなアメリカのお菓子

アメリカに行くと、日本ではあまり見かけない、売られていない
ローカルなお菓子にときめきを感じます。
甘いだけじゃなくて、フルーツのおいしさを生かしたものもたくさん。
まずは、日本にいながらアメリカの気分が味わえる現地のお菓子を紹介します。

Banana Pudding

バナナプディング

卵と牛乳を使ったあのプリンではありません。クラッカーとバナナ、
カスタードクリームを重ねています。クリームが染みてやわらかくなったクッキーを、
スプーンですくってどうぞ。こう見えて、実は甘さ控えめです。

材料 （内径21.5cmガラスパイ皿）

Custard Cream
カスタードクリーム

卵黄 —— 2個 (40g)
グラニュー糖 —— 53g
薄力粉 —— 20g
牛乳 —— 200g
バニラペースト —— 2g
生クリーム —— 110g

Filling
フィリング

全粒粉ビスケット —— 160g
バナナ —— 大きめ4本
生クリーム —— 110g
グラニュー糖 —— 10g

作り方

1. カスタードクリームを作る。ボウルに卵黄、グラニュー糖を入れてホイッパーで混ぜ、薄力粉を加えて混ぜる。

2. 鍋に牛乳、バニラペーストを入れて、沸騰直前まで温める。**1** に少しずつ加えて混ぜ、鍋に戻し入れる。

3. ゴムベラかホイッパーで混ぜながら、中火で沸騰するまで加熱する（**a**）。とろみがついたら火を止め、清潔なバットに移す。

4. ラップをぴったりとかけ、氷水につけて冷やす。上に保冷剤を置くとさらに早く冷える（**b**）。

5. ボウルに生クリームを入れ、八分立てに泡立てる。ゴムベラでほぐしたカスタードに加え、混ぜる。こすとよりなめらかになる。

6. パイ皿にビスケットを半量、**5**のクリームを半量のせ（**c**）、1cm位にカットしたバナナを半量のせる。同じ作業をもう一度繰り返す。

7. ラップをして2〜3時間冷蔵庫で冷やす。生クリームをグラニュー糖と8分に泡立て、冷えたプディングの上にのせる。

Tres Leches Cake

トレスレチェケーキ

トレスレチェとは、「3種のミルク」のこと。生クリーム、エバミルク、
コンデンスミルクで作ったソースをたっぷり生地に染み込ませるのが特徴。
メキシコが発祥ですが、アメリカでは誕生日にも食べられるくらい、定番のケーキとなっています。

材料 （15cm丸型）

Sponge cake
スポンジケーキ

卵黄 —— 40g
グラニュー糖 —— 30g
卵白 —— 70g
グラニュー糖 —— 25g
薄力粉 —— 60g

Syrup
シロップ

生クリーム —— 65g
エバミルク※ —— 95g
※豆乳でも代用可能
コンデンスミルク —— 25g

Whipped cream
ホイップクリーム

生クリーム —— 100g
コンデンスミルク —— 5g

Topping トッピング

好みのフルーツ —— 適量

作り方

0 型にベーキングシートを敷く。繰り返し使えるタイプのシートを使うと、よりきれいに仕上がります。

1 ボウルに卵黄とグラニュー糖30gを混ぜ合わせる。

2 別のボウルに卵白をハンドミキサーで泡立て、ボウルを逆さにしても落ちてこないくらいになったらグラニュー糖25gを3回に分けて加え、メレンゲを作る。

3 2をひとすくいして1のボウルに加え混ぜる（ⓐ）。2のボウルに全量戻し入れて混ぜ、さらに薄力粉をふるい入れて混ぜる。型に流し入れ、170℃に予熱したオーブンで30分焼く。すぐに取り出し冷ましておく。

4 ホイップクリームを作る。ボウルに生クリーム、コンデンスミルクを加え泡立てる。別のボウルに、シロップの材料を混ぜておく。

5 冷めたスポンジは2等分にスライスする。1枚目にシロップを半量染み込ませ（ⓑ）、スプーンでホイップクリームを半量程度のせる。

6 もう1枚のスポンジの裏に残ったシロップのさらに半量を染み込ませ、染みている面を下にして重ねる。上から残りのシロップを塗る（上にフォークなどで穴を開けておくと染み込みやすい）（ⓒ）。

7 残りのホイップクリームをスプーンでラフにのせ、好みでフルーツを飾る。

Chocolate Zucchini Cake

ズッキーニチョコレートケーキ

ズッキーニをお菓子に入れるなんて、想像もつきませんよね。
アメリカではズッキーニ入りのお菓子はよく作られていて、家庭の味なのです。
チョコを入れると、ズッキーニ感は控えめに。抵抗感がある人もハマっちゃうかもしれません。

材料 （15cm丸型）

Sponge cake スポンジケーキ

ズッキーニ —— 150g	植物油 —— 75g
（約1.5本分）	準強力粉 —— 110g
卵 —— 150g	ココアパウダー —— 40g
きび砂糖 —— 120g	ベーキングパウダー —— 3g

Ganache ガナッシュ

スイートチョコレート —— 45g
生クリーム —— 35g

作り方

0 型にベーキングシートを敷く。繰り返し使えるタイプのシートを使うと、よりきれいに仕上がります。

1 ズッキーニをおろす（ⓐ）。スライサーまたはフードプロセッサーで細切りにするのがおすすめ。細かくしすぎると、水分が出やすいので注意する。

2 ボウルに卵、きび砂糖を入れてホイッパーで混ぜる。さらに植物油を加えて混ぜる。準強力粉、ココアパウダー、ベーキングパウダーをふるい入れて混ぜる。

3 ズッキーニを加えて混ぜたら（ⓑ）型に流し入れ、180℃に予熱したオーブンで45分焼く。粗熱がとれたら型から外しておく。

4 ガナッシュを作る。スイートチョコレートを耐熱容器に入れ、電子レンジで30秒加熱する（600w）。溶けていないようなら、10秒ずつ加熱して溶かす。

5 生クリームを別の耐熱容器に入れ、電子レンジで30秒ほど、沸騰する直前くらいまで加熱する。**4**のチョコレートに加えて円を描くように混ぜ、完全になじませる。

6 ガナッシュが温かいうちに**3**にかけて表面を整える（ⓒ）。

Peach & Berry Cobbler

桃とベリーのコブラー

大きな皿にフルーツを並べ、上から生地をのせて焼いたお菓子で、
さまざまな種類があります。季節を問わず作れるレシピを紹介していますが、
ぜひ旬のフレッシュなフルーツを使って作ってみて。

材料 〈 （内径21.5cmガラスパイ皿）

Biscuit Dough ビスケット生地

準強力粉 —— 76g
グラニュー糖 —— 32g
ベーキングパウダー —— 4g
塩 —— ひとつまみ
シナモンパウダー —— 小さじ¼
牛乳 —— 57g
溶かしバター —— 54g

Filling フィリング

白桃（缶詰）—— 290g
冷凍ミックスベリー —— 150g （※フルーツは合わせて440g）
グラニュー糖 —— 40g
レモン汁 —— 小さじ½
コーンスターチ —— 大さじ1

作り方 〈

1 ビスケット生地を作る。牛乳と溶かしバター以外の材料をボウ
ルに入れ、ホイッパーで混ぜる。

2 牛乳と溶かしバターを加えてゴムベラでぐるぐると混ぜ、どろ
っとした状態にする（**a**）。

3 フィリングを作る。白桃の缶汁を切り、水分をペーパータオル
でしっかりと取り除く。ボウルにすべての材料を入れ、ゴムベ
ラで混ぜる（**b**）。

4 パイ皿に**3**を入れて平らにならし、スプーンですくったビスケ
ット生地をランダムにのせる（**c**）。

5 190℃に予熱したオーブンで25分程度、ビスケットに焼き色
がつくまで焼成く。

6 15〜20分、室温におく。好みでアイスクリームやホイップク
リームを添える。

POINT

できたての熱々ではなく、15〜20分
おいてから食べます。アイスクリーム
を添えるのがおすすめ。

Key Lime Pie

キーライムパイ

アメリカでは一般的なライムより小ぶりの「キーライム」を使って作る定番のパイです。
日本のお菓子屋さんではあまり見かけない、さわやかなで甘酸っぱい味わいは私も大好きです。
ぜひ手作りして味わってみてくださいね。

Cookie Crust

クッキー生地

材料 （内径22cmブリキパイ皿）

全粒粉ビスケット —— 120g
溶かしバター —— 60g
塩 —— 少々

作り方

1 袋にビスケットを入れ、粉状になるまでめん棒で叩いて潰す（フードプロセッサーで撹拌してもOK）（**a**）。

2 温かい溶かしバター、塩を加えて混ぜ、袋の上からしっかりと揉む。バターをしっかりとビスケットになじませると、型に敷きやすくなります（フードプロセッサーで撹拌してもOK）。

3 2を型に移し、グラスやココットの底を使って隙間なく生地を敷く（**b**）。まずはやさしく形を作り、形が決まったら強く押して固定する。フチの部分は写真のように指を当てながら、側面を押して固める。

4 フィリングが出来るまで冷蔵庫で保管する（**c**）。

Filling

フィリング

材料

練乳 —— 155g
卵黄 —— 52g
ライムジュース —— 103g
ライムの皮 —— 2個分
生クリーム —— 103g

作り方

1 ライムの皮を削る（**a**）。2個分はフィリング用、1個分はデコレーション用として分ける。

2 ボウルに練乳と卵黄を入れ、ホイッパーでやさしく混ぜる（**b**）。気泡が入りやすいので注意。

3 ライムジュースとライムの皮を加え、さらに混ぜる。

4 生クリームを加えて混ぜる。

5 準備した型にフィリングを流す（**c**）。

Decoration
デコレーション

材料

生クリーム —— 70g
ライムの皮 —— 1個分
ライム —— 適量

作り方

6 160℃に予熱したオーブンで25分焼く（**a**）。揺らすと真ん中が少し揺れるくらいでOK。焼けたら冷蔵庫で完全に冷やす。

7 生クリームをハンドミキサーで泡立てる（**b**）。星の口金をセットした絞り袋に入れる。

8 生クリームと薄切りにしたライムでデコレーションする（**c**）。上から削ったライムの皮を散らす。

Coconut Cream Pie

ココナッツクリームパイ

日本ではまだ珍しいお菓子ですが、「アメリカンパイの代表」というほど人気の高いパイです。
即席のパイ生地にココナッツミルクベースのフィリング、
ふんわりホイップクリームにココナッツをのせて仕上げます。
香ばしいココナッツの食感がアクセント。

Pie Crust

パイ生地

材料 （内径22cmブリキパイ皿）

準強力粉 —— 200g
塩 —— 1g
グラニュー糖 —— 5g
冷えたバター —— 100g
卵 —— 55g
水 —— 15g

作り方

1 ボウルに準強力粉、塩、グラニュー糖を入れ、2cm角に切ったバターを加えカードを使って細かく切り混ぜる。（フードプロセッサーで撹拌してもOK）(ⓐ)。

2 手でバターと粉類を馴染ませサラサラの状態になったら(ⓑ)、卵と水を加え手で混ぜる。

3 生地がまとまったら作業台に出し、生地を2等分して重ねる工程を2〜3度繰り返す(ⓒ)。

4 ラップをして冷蔵庫でひと晩寝かせる。冷凍も可能。

Crust Preparetion

パイを焼く

作り方

5 生地を3mm程度の厚みにのばす。型に合わせて余分
な生地を丸くカットし、敷き込む（**a**）。さらに余
分な部分はキッチンバサミか包丁でカットする。

6 型の底にフォークで穴を開け、冷蔵庫で30分冷や
す（**b**）。

7 ベーキングシート、アルミホイル、重しを順にのせ、
200℃のオーブンで20分、すべて外してさらに20
分焼く（**c**）。出来上がったら完全に冷ましておく。

Coconut Cream

ココナッツクリーム

材料

ココナッツミルク —— 100g

牛乳 —— 150g

卵 —— 25g

卵黄 —— 10g

グラニュー糖 —— 50g

バニラペースト —— 1g

コーンスターチ —— 10g

バター —— 13g

Decoration

デコレーション

材料

ココナッツチップス（またはココナッツファイン）—— 適量

生クリーム —— 70g

グラニュー糖 —— 7g

作り方

1 鍋にココナッツミルクと牛乳を入れ、湯気がたつ程度まで温める（**a**）。

2 ボウルに卵、卵黄、グラニュー糖、バニラペーストを入れ、ホイッパーで混ぜる。コーンスターチを加えさらに混ぜる。

3 **1**のミルクを**2**の卵液に少しずつ加えてホイッパーで混ぜ、鍋に戻し入れる（**b**）。

4 混ぜながら中火で加熱し、沸騰したらバターを加えて溶かす。

5 氷水でクリームを冷やし、粗熱がとれたらすぐ焼いておいたパイの中に流し入れ、冷蔵庫で冷やし固める。

6 ココナッツチップスは160℃で5分程度、焼いておく（**c**）。

7 ボウルに生クリーム、グラニュー糖を入れて泡立てる。丸口金を入れた絞り袋に入れて**5**の表面を飾る。

8 上から**6**のココナッツチップスをのせる。

Pecan Pie

ピーカンパイ

アメリカ南部原産のピーカンナッツをふんだんに使ったパイです。
本場のレシピではコーンシロップを使っていますが、日本でも作りやすいように、
米飴でアレンジしました。ねっとりとしたフィリングと香ばしさと甘さを楽しんで。

材料 （直径22㎝ブリキパイ皿）

Pie Crust パイ生地

準強力粉 —— 200g
塩 —— 1g
グラニュー糖 —— 5g
冷えたバター —— 100g
卵 —— 55g
水 —— 15g

作り方

1 P24を参考にパイ生地を作り、パイ皿に敷いてフォークで底に穴を開ける。

2 重しをのせ、200℃のオーブンで20分焼く。

Filling フィリング

ピーカンナッツ —— 150g
バター —— 45g
きび砂糖 —— 30g
米飴 —— 90g
コーンスターチ —— 4g
塩 —— ひとつまみ
バニラペースト —— 2g
卵 —— 75g

作り方

1 ピーカンナッツは170℃に予熱したオーブンで10分ローストし、冷ましておく。

2 鍋にバター、きび砂糖、米飴を入れ中火にかけて溶かす。

3 火を止め、コーンスターチ、塩、バニラペースト、卵を加えゴムベラで混ぜる。混ざりにくい場合はホイッパーで混ぜる（**a**）。

4 刻んだピーカンナッツの半量を加え、ゴムベラで混ぜる。

5 空焼きして準備した生地に、ピーカンナッツのフィリングを流し（**b**）、残りのピーカンナッツを並べる（**c**）。

6 180℃のオーブンで40分焼く。焼けたら型ごと完全に冷ましてから取り出す。

Part

2

Traditional
Homemade Sweets

アメリカ家庭の定番お菓子

「アメリカンホームメイド」という言葉があるように、
アメリカの家庭では、手づくりのお菓子が日本よりもずっと身近にあります。
「これぞ、アメリカのお菓子！」と言える定番メニューでアメリカを感じませんか。

Dutch Apple Pie

ダッチアップルパイ

世の中にはいろいろなアップルパイがありますが、アメリカでよく見るのは
食感のよいソボロ状の生地「クランブル」をトッピングしたもの。
フィリングはりんごを煮ずに、生のまま使うのもアメリカ流。

材料 （内径22cmブリキパイ皿）

Pie Crust

パイ生地

準強力粉 —— 200g
塩 —— 1g
グラニュー糖 —— 5g
冷えたバター —— 100g
卵 —— 55g
水 —— 15g

作り方

1 ボウルに準強力粉、塩、グラニュー糖を入れ混ぜ、細かく切ったバターを加え手ですり混ぜる（フードプロセッサーで撹拌してもOK）（ⓐ）。

2 バターが粉類に馴染んでサラサラの状態になったら（ⓑ）、卵と水を加え混ぜる。

3 生地がまとまったら作業台に出し、生地を2等分して重ねる工程を2〜3度繰り返す（ⓒ）。

4 ラップをして冷蔵庫でひと晩寝かせる。冷凍も可能。

Crust Preparetion

パイを焼く

Crumble

クランブル

薄力粉 —— 60g
全粒粉 —— 18g
きび砂糖 —— 27g
グラニュー糖 —— 18g
ベーキングパウダー —— 2.5g
塩 —— ひとつまみ
溶かしバター —— 51g

作り方

5 生地を3mmの厚みにのばして型にしっかり合わせる（ⓐ）。2cm余白を残してカットし、型に敷き込む（ⓑ）。

6 余分な生地は外側に折込み、ピザの耳のようにする（ⓒ）。底にフォークで穴を開け、冷蔵庫で30分冷やす。

7 クランブルを作る。ボウルに溶かしバター以外の材料を入れ、ホイッパーで混ぜる。

8 溶かしバターを加えたら、フォークと指を使って全体を混ぜる。冷凍庫または冷蔵庫でポロポロに固まるまで冷やす。

Apple Filling

アップルフィリング

材料

りんご —— 2個(380g)
レモン汁 —— 小さじ2
グラニュー糖 —— 40g
薄力粉 —— 30g
シナモンパウダー —— 小さじ¼
ナツメグパウダー —— 小さじ⅛
全粒粉ビスケット —— 40g

作り方

1 りんごは皮を剥き、縦に4等分して種を取り除く。5mm幅に切ってボウルに入れる。

2 **1**にレモン汁、グラニュー糖、薄力粉、シナモンパウダー、ナツメグパウダーを入れ、手であえるように合わせる(**a**)。

3 めん棒などで全粒粉ビスケットを砕き、タルトの底に敷く。

4 **3**にりんごを並べる(**b**)。

5 上からクランブルをたっぷりとまんべんなくのせる(**c**)。

6 190℃に予熱したオーブンで30分焼く。

Chocolate Banana Pie

チョコバナナパイ

子どもから大人まで大好きなチョコとバナナの組み合わせ。
チョコレートカスタードクリームとバナナ、少なめの砂糖で作った生クリームを重ねました。
ほどよい甘さでついついペロリといけちゃいます。

材料 （内径 21.5 cm ガラスパイ皿）

Cookie Crust
クッキー生地

全粒粉ビスケット —— 120g
溶かしバター —— 60g
塩 —— 少々

Filling
チョコレートカスタードクリーム

卵黄 —— 3個
グラニュー糖 —— 80g
薄力粉 —— 30g
牛乳 —— 300g
バニラペースト —— 2g
スイートチョコレート —— 75g

Topping
組み立て

生クリーム —— 110g
グラニュー糖 —— 10g
バナナ —— 大きめ2本
板チョコレート —— 適量

作り方

1 P20を参考にクッキー生地を作り、型に敷き込む。フィリングが出来るまで冷蔵庫で保管する。

2 チョコレートカスタードクリームを作る。ボウルに卵黄、グラニュー糖を入れてホイッパーで混ぜ、薄力粉を加えてさらに混ぜる。

3 鍋に牛乳、バニラペーストを入れ、沸騰直前まで温める。**2** に少しずつ加えて混ぜ、鍋に戻し入れる。

4 ゴムベラかホイッパーで混ぜながら、中火で沸騰するまで加熱する。火を止めてチョコレートを加え混ぜ、清潔なバットに移す。

5 ラップをぴったりとかけ、氷水につけて冷やす。上に保冷剤を置くとさらに早く冷える。

6 冷えたカスタードをゴムベラでほぐし、好みでこす。準備した型に流し入れる。1cm位の厚みにカットしたバナナを並べる（ⓐ）。

7 ボウルに生クリームとグラニュー糖を入れて混ぜ、ホイップクリームを作る。

8 ホイップクリームをスプーンでラフにのせる（ⓑ）。

9 板チョコレートをピーラーで削って、パイの上にのせる。しっかり冷やしてからどうぞ。

POINT

ボウルをパイの上にかぶせると蓋になり、冷蔵庫での保存に最適。

Pumpkin Pie

パンプキンパイ

毎年 11 月の第 4 木曜日は「Thanksgiving Day」という祝日があります。
アメリカでもっとも重要なイベントで、日本でいうお正月のような賑わいです。
パンプキンパイと丸焼きの七面鳥は、Thanksgiving Day に欠かせません。

材料 （内径 22 cm ブリキパイ皿）

Pie Crust パイ生地

準強力粉 —— 200g
塩 —— 1g
グラニュー糖 —— 5g
冷えたバター —— 100g
卵 —— 55g
水 —— 15g

作り方

1 P24を参考にパイ生地を作り、生地はカットせずに厚みを出す。指3本を使いフチにひだを作り（ⓐ）、底にフォークで空気穴を開け、冷蔵庫で冷やす。

2 重しをのせ、200℃のオーブンで20分焼く。重しを外し10分焼く。

Pumpkin Filling
パンプキンフィリング

卵 —— 85g
きび砂糖 —— 65g
バニラペースト —— 2g
塩 —— ひとつまみ
ナツメグパウダー —— 小さじ¼
ジンジャーパウダー —— 小さじ½
シナモンパウダー —— 小さじ1
クローブパウダー —— 小さじ¼
生クリーム —— 85g
かぼちゃ —— ¼ カット（可食部245g）

作り方

1 かぼちゃはまるごとラップで包み、レンジでやわらかくなるまで加熱する。

2 皮を取り除き、245g分をボウルに入れ、温かいうちに潰す。

3 別のボウルにフィリングの材料を上から順にホイッパーで混ぜて、最後にかぼちゃを加えて混ぜる（フードプロセッサーでもOK）（ⓑ）。

4 フィリングをこして、準備した型に流し入れる（ⓒ）。

5 180℃に予熱したオーブンで30分焼く。焼けたら冷蔵庫で完全に冷まし、好みで泡立てた生クリーム（分量外）をのせ、シナモンパウダー（分量外）を振る。

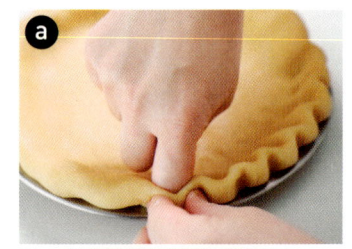

NY Style Chocolate Chip & Walnut Cookies

ニューヨーク風　チョコレート＆くるみクッキー

アメリカの新定番クッキー。
分厚いクッキーはニューヨークのみならずアメリカ中で見られます。

材料 （6個分）

バター —— 95g
きび砂糖 —— 75g
卵 —— 50g
ベーキングパウダー —— 2g
準強力粉 —— 150g
塩 —— 小さじ¼
ビターチョコレート —— 75g
ローストくるみ —— 40g

作り方

1 ボウルにやわらかくしたバター、きび砂糖を入れ、ハンドミキサーで混ぜ（ⓐ）、溶いた卵を少しずつ加えて混ぜる。

2 ベーキングパウダー、準強力粉をふるい入れ、ゴムベラで切るように混ぜる。

3 8割程度混ざったら、塩、一口大のビターチョコレート、砕いたくるみを加える。ラップをし、冷蔵庫で1時間ほど、手で丸められる硬さになるまで冷やす。

4 ベーキングシートを敷いた天板の上に6等分し、4〜5cmの厚みになるようラフにまとめる（ⓑ）。

5 210℃で予熱したオーブンの温度を200℃に下げ、12〜13分焼く。

NY Style chocolate & Orange Cookies

ニューヨーク風　チョコレート＆オレンジクッキー

チョコレートとカカオがほろ苦くて香ばしい。
オレンジピールをさわやかにきかせました。

材料 （6個分）

バター —— 95g
きび砂糖 —— 75g
卵 —— 50g
ベーキングパウダー —— 2g
準強力粉 —— 150g
ココアパウダー —— 15g
塩 —— 小さじ¼
ビターチョコレート —— 75g
オレンジピール —— 35g

作り方

1 ボウルにやわらかくしたバター、きび砂糖を入れ、ハンドミキサーで混ぜ、溶いた卵を少しずつ加えて混ぜる。

2 ベーキングパウダー、準強力粉、ココアパウダーをふるい入れ、ゴムベラで切るように混ぜる。

3 8割程度混ざったら、塩、一口大のビターチョコレート、オレンジピールを加える。ラップをし、冷蔵庫で1時間ほど、手で丸められる硬さになるまで冷やす。

4 ベーキングシートを敷いた天板の上に6等分し、4〜5cmの厚みになるようラフにまとめる。

5 210℃で予熱したオーブンの温度を200℃に下げ、12〜13分焼く。

NY Style Nutella Cookies

ニューヨーク風　ヌテラクッキー

**アメリカではどの家庭にもあるスプレッド「ヌテラ」を使った、
チョコレートの甘さとヘーゼルナッツの組み合わせがやみつきになるクッキー。**

材料 （6個分）

バター —— 95g
きび砂糖 —— 75g
塩 —— ひとつまみ
卵 —— 50g
ベーキングパウダー —— 2g
準強力粉 —— 150g
ヌテラ —— 60g

作り方

1 ボウルにやわらかくしたバター、きび砂糖、塩を入れ、ハンドミキサーで混ぜ、溶いた卵を少しずつ加えて混ぜる。

2 ベーキングパウダー、準強力粉をふるい入れ、ゴムベラで切るように混ぜる。ラップをし、冷蔵庫で1時間ほど、手で丸められる硬さになるまで冷やす。

3 ベーキングシートを敷いたバットにヌテラを10gずつ6個取り出し、冷凍庫で冷やし固める（ⓐ）。

4 ベーキングシートを敷いた天板の上に**2**の生地を6等分し、**3**のヌテラを包む（ⓑ）。4～5㎝の厚みにする。

5 210℃で予熱したオーブンの温度を200℃に下げ、12～13分焼く。

NY Style Holiday Cookies

ニューヨーク風　クリスマスクッキー

**アメリカのクリスマスといえば、スパイスがきいたこの味わい。
スプリンクルをかけて、トッピングも華やかに。**

材料 （6個分）

バター —— 95g
きび砂糖 —— 75g
塩 —— 小さじ¼
卵 —— 50g
ベーキングパウダー —— 2g
準強力粉 —— 150g
A シナモンパウダー —— 小さじ½
　　 ナツメグパウダー —— 小さじ¼
　　 ジンジャーパウダー —— 小さじ¼
ローストくるみ —— 40g
ホワイトチョコレート —— 45g

Glaze グレーズ

粉砂糖 —— 75g
水 —— 12～14g
スプリンクル —— 適量

作り方

1 ボウルにやわらかくしたバター、きび砂糖、塩を入れ、ハンドミキサーで混ぜ、溶いた卵を少しずつ加えて混ぜる。

2 ベーキングパウダー、準強力粉と**A**をふるい入れ、ゴムベラで切るように混ぜる。

3 8割程度混ざったら砕いたくるみ、ひと口大のホワイトチョコレートを加える。ラップをし、冷蔵庫で1時間ほど、手で丸められる硬さになるまで冷やす。

4 ベーキングシートを敷いた天板の上に6等分し、4～5㎝の厚みにする。

5 210℃で予熱したオーブンの温度を200℃に下げ、12～13分焼く。

6 粉砂糖と水を混ぜ合わせ、冷めたクッキーにディップし、上からスプリンクルを散らす（ⓐ）。

Classic Chocolate Chip Cookies

クラシック　チョコレートチップクッキー

**カフェなどでもおなじみのチャンキーなクラシッククッキー。
ほどよいねっとり感はたまりません。**

材料〈（6個分）

溶かしバター —— 50g
グラニュー糖 —— 40g
きび砂糖 —— 60g
卵 —— 25g
薄力粉 —— 80g
重曹 —— 1g
ビターチョコレート —— 45g
塩 —— 少々

作り方〈

1　ボウルに溶かしバター、グラニュー糖、きび砂糖を加え、ゴムベラで混ぜる（ⓐ）。

2　卵を加えて混ぜる。薄力粉、重曹を合わせてふるい入れ、さらに混ぜる（ⓑ）。

3　8割程度混ざったら、ひと口大のビターチョコ、塩を加える。ラップをして、冷蔵庫で1時間ほど、手で丸められる硬さになるまで冷やす。

4　バットに6等分して丸め、冷蔵庫でひと晩しっかりと冷やす（ⓒ）。

5　ベーキングシートを敷いた天板にのせ、190℃に予熱したオーブンで12分焼く。形がいびつな場合はお椀やセルクルをかぶせて回し、形を整える。

Classic Oatmeal & Raisin Cookies

クラシック　オートミール＆レーズンクッキー

**バターの代わりにオイルを使ったオートミールクッキー。
あっさりとした味わいでついついもう1枚。**

材料〈（14個分）

植物油 —— 40g
メープルシロップ —— 80g
準強力粉 —— 30g
全粒粉 —— 10g
アーモンドパウダー —— 30g
レーズン —— 40g
オートミール —— 65g

作り方〈

1　ボウルに植物油、メープルシロップを入れてホイッパーで混ぜる。

2　準強力粉、全粒粉、アーモンドパウダーをふるい入れる。

3　レーズンとオートミールを加え、ゴムベラで混ぜる。

4　ベーキングシートを敷いた天板の上にスプーンで14等分し、直径4.5cm位に整える（ⓐ）。

5　180℃に予熱したオーブンで18〜20分焼く。

Classic Peanut Butter Cookies

クラシック　ピーナツバタークッキー

無糖のピーナツバターを使うことでほどよい甘さに。
成形はこだわりすぎないのが、きれいに仕上げるコツ！

材料 （10個分）

バター —— 30g
無糖ピーナツバター —— 80g
きび砂糖 —— 30g
グラニュー糖 —— 30g
卵 —— 18g
準強力粉 —— 55g
重曹 —— 1g

作り方

1 ボウルにやわらかくしたバターとピーナツバターを合わせ、ホイッパーで混ぜる（**a**）。

2 きび砂糖、グラニュー糖を加え混ぜ、さらに卵を加えて混ぜる。

3 準強力粉と重曹を合わせてふるい入れ、ゴムベラで切るように混ぜる（**b**）。

4 10個に等分して丸める。ベーキングシートの上に並べ、フォークを押し当てて十字に模様をつける（**c**）。

5 190℃に予熱したオーブンで10分焼く。

Classic Snickerdoodle Cookies

クラシック　スニッカードゥードルクッキー

日本では聞きなじみがありませんが、アメリカでは定番。
ついもう1枚と手が伸びる、シナモンシュガーの味わいです。

材料 （6個分）

溶かしバター —— 50g
グラニュー糖 —— 40g
きび砂糖 —— 60g
卵 —— 25g
薄力粉 —— 80g
重曹 —— 1g
シナモンパウダー —— 小さじ½

Topping トッピング

シナモンパウダー —— 小さじ½
グラニュー糖 —— 15g

作り方

1 ボウルに溶かしバター、グラニュー糖、きび砂糖を加え、ゴムベラで混ぜる。

2 卵を加えて混ぜ、薄力粉、重曹、シナモンパウダーを合わせてふるい入れ、さらに混ぜる

3 ラップをして、冷蔵庫で1時間ほど、手で丸められる硬さになるまで冷やす。

4 6等分して丸め、混ぜたトッピングをクッキーの表面につけ（**a**）、冷蔵庫でひと晩しっかりと冷やす。トッピングがとれていたら、もう一度まぶし、ベーキングシートの上に並べる。

5 190℃に予熱したオーブンで11分焼く。形がいびつな場合はお椀やセルクルをかぶせて回し、形を整える（**b**）。

Blueberry Crumble Muffins

ブルーベリーとクランブルのマフィン

アメリカのカフェでコーヒーと食べるお菓子第一位がマフィン。
焼き立てのふわふわも、翌朝のしっとりもどちらもおいしいです。
冷凍ブルーベリーを使えば年中作れます。

材料 （1個当たり7㎝×3㎝のマフィン型6個分）

Muffin Dough マフィン生地

バター —— 40g	ベーキングパウダー —— 4g
きび砂糖 —— 20g	牛乳 —— 22g
グラニュー糖 —— 44g	ヨーグルト —— 22g
常温の卵 —— 44g	ブルーベリー —— 60g
薄力粉 —— 96g	

Crumble クランブル

薄力粉 —— 25g
全粒粉 —— 7g
きび砂糖 —— 11g
グラニュー糖 —— 7g
ベーキングパウダー —— 1g
塩 —— ひとつまみ
溶かしバター —— 21g

作り方

1 クランブルを作る。ボウルに溶かしバター以外の材料を入れ、混ぜる。

2 溶かしバターを加えフォーク、指を使い全体を混ぜる。

3 冷凍庫または冷蔵庫で固まるまで冷やす（a）。

4 マフィン生地を作る。ボウルにやわらかくしたバター、きび砂糖、グラニュー糖を入れ、ハンドミキサーで白っぽくなるまで混ぜる。

5 溶いた卵を少しずつ加え、その都度ハンドミキサーで混ぜ、ふんわりとした状態にする（b）。分離してしまった場合は、6で加える薄力粉を先に大さじ2杯分加えて混ぜる。

6 薄力粉とベーキングパウダーをふるい入れ、ゴムベラで混ぜる。7割程度混ざったら牛乳とヨーグルトを加える。艶が出るまで混ぜ、ブルーベリーを加えてさらに混ぜる。

7 グラシン紙を敷いたマフィン型に6等分し、クランブルをほぐして散らす（c）。好みでブルーベリーを1〜2個（分量外）トッピングする。

8 190℃で15分、180℃で10分程度、焼き色がつくまで焼く。ブルーベリーは焦げやすいので注意。

Raspberry & White Chocolate Chip Muffins

ラズベリーとホワイトチョコレートのマフィン

ラズベリーの酸味がさわやかで、
甘すぎないところが私のお気に入りです。
果実のみずみずしさを味わってください。

材料 （1個当たり7㎝×3㎝のマフィン型6個分）

バター —— 40g

きび砂糖 —— 20g

グラニュー糖 —— 44g

常温の卵 —— 44g

薄力粉 —— 96g

ベーキングパウダー —— 4g

牛乳 —— 22g

ヨーグルト —— 22g

冷凍ラズベリー —— 50g

ホワイトチョコレート —— 50g

作り方

1 ボウルにやわらかくしたバター、きび砂糖、グラニュー糖を入れ、ハンドミキサーで白っぽくなるまで混ぜる。

2 溶いた卵を少しずつ加え、その都度ハンドミキサーで混ぜ、ふんわりとした状態にする。分離してしまった場合は、**3**で加える薄力粉を先に大さじ2杯分加えて混ぜる。

3 薄力粉とベーキングパウダーをふるい入れ、ゴムベラで混ぜる。7割程度混ざったら牛乳とヨーグルトを加える。艶が出るまで混ぜ、ラズベリーとホワイトチョコを加えてさらに混ぜる。

4 グラシン紙を敷いたマフィン型に6等分する。アイスクリームディッシャーを使っても（**ⓐ**）。

5 好みでラズベリーとホワイトチョコを1〜2個（分量外）トッピングする（**ⓑ**）。190℃で15分、180℃で10分程度、焼き色がつくまで焼く。ホワイトチョコは焦げやすいので注意。

Cherry & Chocolate Muffins

ダークチェリーとチョコレートのマフィン

ダークチェリーを加えたココア生地。
トッピングにビターチョコを加えることで、
チョコレート感をしっかり楽しめるようにしました。

材料 （1個当たり7㎝×3㎝のマフィン型6個分）

バター —— 40g
きび砂糖 —— 20g
グラニュー糖 —— 44g
常温の卵 —— 44g
薄力粉 —— 80g
ココアパウダー —— 16g
ベーキングパウダー —— 4g
牛乳 —— 22g
ヨーグルト —— 22g
ダークスイートチェリー（缶） —— 50g
ビターチョコレート —— 50g

作り方

1 ボウルにやわらかくしたバター、きび砂糖、グラニュー糖を入れ、ハンドミキサーで白っぽくなるまで混ぜる。

2 溶き卵を少しずつ加え、その都度ハンドミキサーで混ぜ、ふんわりとした状態にする。分離してしまった場合は、**3**で加える薄力粉を先に大さじ2杯分加えて混ぜる。

3 薄力粉とココアパウダー、ベーキングパウダーをふるい入れ、ゴムベラで混ぜる。7割程度混ざったら牛乳とヨーグルトを加える。艶が出るまで混ぜる。

4 水分を拭き取ったダークチェリーとビターチョコを加えてさらに混ぜる（ⓐ）。

5 グラシン紙を敷いたマフィン型に6等分し好みでチェリーとチョコレートを1〜2個（分量外）トッピングする。

6 190℃で15分、180℃で10分程度、焼き色がつくまで焼く。

Coffee & Walnut Brownies

コーヒーとくるみのブラウニー

コーヒーの苦みを加えているので甘さは少し控えめ。
くるみを生地全体にちりばめました。ほんのりとした塩けがアクセントです。

材料 （15cm スクエア型）

スイートチョコレート —— 108g
バター —— 116g
インスタントコーヒー —— 小さじ2　※濃さや好みで調整を
卵 —— 100g
グラニュー糖 —— 126g
ココアパウダー —— 32g
薄力粉 —— 27g
ビターチョコレート —— 40g
ローストくるみ —— 60g
塩 —— ひとつまみ

作り方

1　ボウルにスイートチョコレートとバターを入れて湯煎にかける（**a**）。インスタントコーヒーを加えて溶かす。

2　別のボウルに卵とグラニュー糖を入れ、ホイッパーで混ぜる。溶かした**1**を加え混ぜる。

3　ココアパウダーと薄力粉をふるい入れて混ぜる。

4　ひと口大のビターチョコレートと刻んだくるみを加え、ゴムベラで混ぜる（**b**）。

5　ベーキングシートを敷き入れた型に生地を流し、上から塩を散らす（**c**）。

6　170℃に予熱したオーブンで35分焼く。

Oreo Brownies

オレオブラウニー

オレオがたっぷりのった甘いブラウニー。
背徳的な見た目にもそそられます。
オレオの面を下にすると切りやすいです。

材料 （15cmスクエア型）

スイートチョコレート —— 108g
バター —— 116g
卵 —— 100g
グラニュー糖 —— 126g
ココアパウダー —— 32g
薄力粉 —— 27g
ビターチョコレート —— 40g
塩 —— ひとつまみ
オレオ —— 50g

作り方

1 ボウルにスイートチョコレートとバターを入れて湯煎にかける。

2 別のボウルに卵とグラニュー糖を入れ、ホイッパーで混ぜる。溶かした**1**を加え混ぜる（**a**）。

3 ココアパウダーと薄力粉をふるい入れて混ぜる。

4 ひと口大のビターチョコレートと塩を加え、ゴムベラで混ぜる。

5 ベーキングシートを敷き入れた型に生地を流し（**b**）、適宜割ったオレオを散らす（**c**）。

6 170℃に予熱したオーブンで35分焼く。

Cardamom Scones with Lemon Icing

カルダモンとレモンアイシングのスコーン

バターではなく生クリームを使ったアメリカのスコーンは、
しっとりほろほろの食感がお気に入り。
レモンのアイシングをかけて仕上げます。

材料 〈6個分〉

準強力粉 —— 100g
全粒粉 —— 90g
きび砂糖 —— 18g
カルダモンパウダー —— 小さじ¼
ベーキングパウダー —— 12g
塩 —— ひとつまみ
生クリーム —— 200g

Lemon Icing レモンアイシング

粉砂糖 —— 60g
レモン汁 —— 10〜12g

作り方

1 ボウルに生クリーム以外の材料を入れてホイッパーで混ぜる。

2 生クリームを加え、ゴムベラで混ぜる（**a**）。

3 まとまったら生地を取り出し、13cm位の大きさに手で広げる。

4 カードや包丁を使って6等分にカットし（**b**）、ベーキングシートを敷いた天板に並べる。

5 180℃に予熱したオーブンで、25〜30分焼く。

6 アイシングの材料を混ぜ、冷めたスコーンの上にかける（**c**）。

Strawberry Scones with Strawberry Icing

いちご＆いちごアイシングのスコーン

いちご入りのスコーンに、ピンク色のかわいいアイシングをかけた
いちご尽くしの一品です。

材料（6個分）

準強力粉 ── 100g
全粒粉 ── 90g
きび砂糖 ── 18g
ベーキングパウダー ── 大さじ1
塩 ── ひとつまみ
生クリーム ── 190g
いちご ── 50g

Strawberry Icing いちごアイシング

粉砂糖 ── 60g
いちご ── 2〜3個（果汁10g分）

作り方

1 スコーン生地を作る。ボウルに生クリーム、いちご以外の
　材料を入れてホイッパーで混ぜる。

2 生クリームを加え、ゴムベラで混ぜる。¼にカットした
　いちごを加え混ぜる（ⓐ）。

3 まとまったら生地を取り出し、13cm位の大きさに手で広
　げる。

4 カードや包丁を使って6等分にカットし（ⓑ）、ベーキング
　シートを敷いた天板に並べる。

5 180℃に予熱したオーブンで、25〜30分焼く。

6 いちごをつぶしてこし、果汁をとりおく（ⓒ）。粉砂糖と
　混ぜ、冷めたスコーンの上にかける。

Blueberry & Cream Cheese Scones

ブルーベリー＆クリームチーズスコーン

ブルーベリーとクリームチーズの最強の組み合わせ。
成形は、頑張らずにラフにすることがきれいに仕上がるコツです。

材料 （6個分）

準強力粉 ── 100g
全粒粉 ── 90g
きび砂糖 ── 18g
ベーキングパウダー ── 大さじ1
塩 ── ひとつまみ
生クリーム ── 200g
ブルーベリー ── 40g
クリームチーズ ── 40g

作り方

1 生クリーム、ブルーベリー、クリームチーズ以外の材料を
　ボウルに入れる。ホイッパーで混ぜる。

2 生クリームを加えゴムベラで混ぜる。

3 ブルーベリーとひと口大にカットしたクリームチーズを加
　え混ぜる（ⓐ）。

4 生地を6分割にし手でラフにまとめる（ⓑ）。ラフにするこ
　とで形よく仕上がる。

5 ベーキングシートを敷いた天板に並べ、180℃に予熱した
　オーブンで20〜25分焼く（ⓒ）。

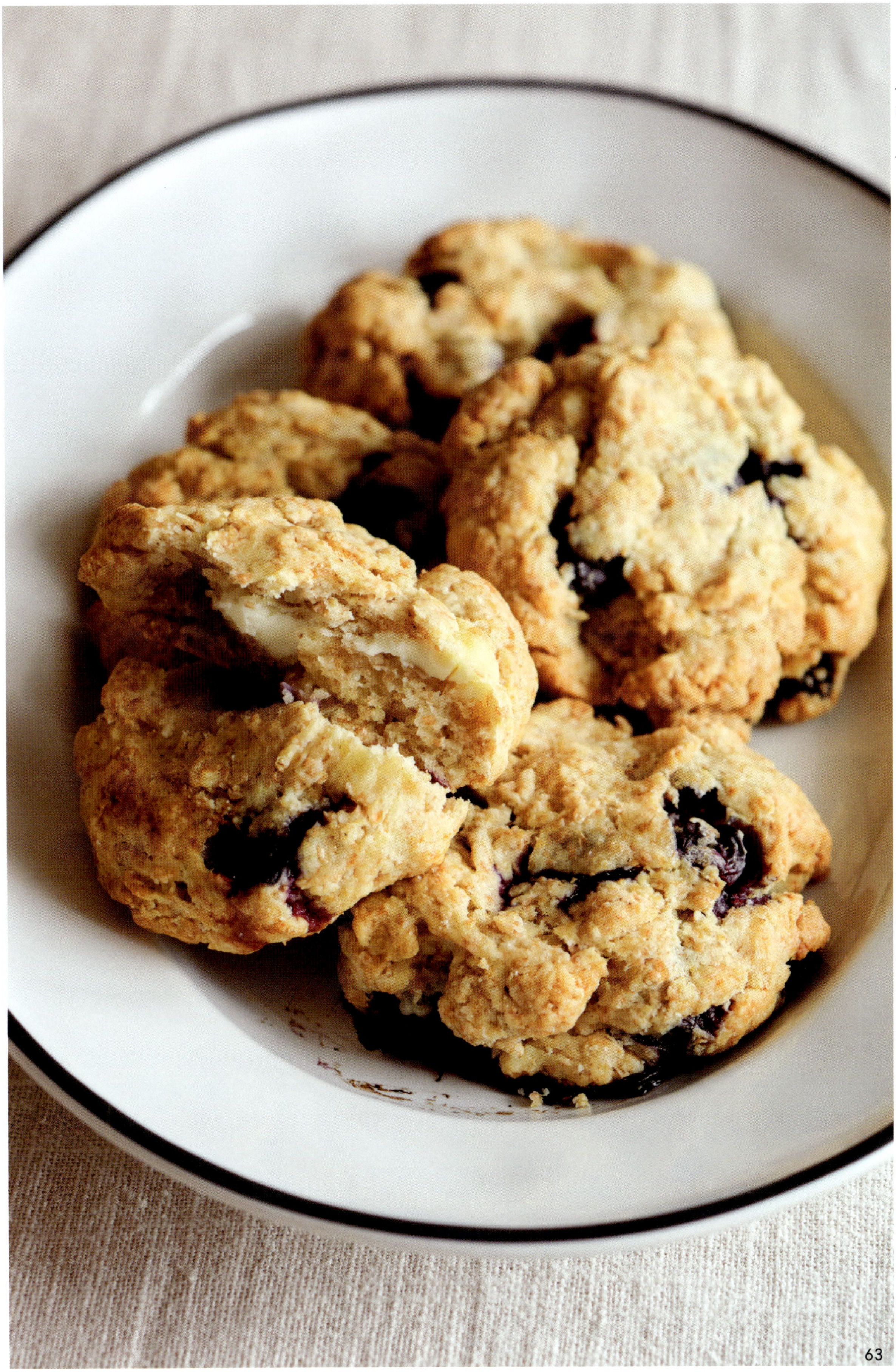

Coffee Cake

コーヒーケーキ

コーヒー入りのケーキだと思って食べたらびっくり！
アメリカでは、「コーヒーに合うケーキ」＝コーヒーケーキなのだそう。
サワークリーム入りの生地が多いですが、クリームチーズにアレンジしました。

材料 （15cmスクエア型）

バター —— 100g
グラニュー糖 —— 140g
クリームチーズ —— 70g
卵 —— 83g
薄力粉 —— 100g
ベーキングパウダー —— 1g

Crumble クランブル

薄力粉 —— 40g
全粒粉 —— 12g
きび砂糖 —— 18g
グラニュー糖 —— 12g
ベーキングパウダー —— 1.5g
塩 —— ひとつまみ
シナモンパウダー —— 小さじ½
溶かしバター —— 34g

作り方

0　型にベーキングシートを3cmほど高く敷き入れる。

1　クランブルを作る。ボウルに溶かしバター以外の材料を入れ、ホイッパーで混ぜる。

2　溶かしバターを加えたら、フォークと指を使って全体を混ぜる（a）。冷凍庫または冷蔵庫でポロポロに固まるまで冷やす。

3　ケーキ生地を作る。ボウルに常温に戻したバター、グラニュー糖を入れ、ハンドミキサーでふんわりするまで混ぜる（b）。

4　常温に戻したクリームチーズを加えて混ぜ、さらに卵を少しずつ加え混ぜる。

5　薄力粉とベーキングパウダーを合わせてふるい入れ、ゴムベラで混ぜる。

6　型に生地の半分を流し入れ、ほぐしたクランブルの半分を乗せる（c）。同じ作業をもう一度繰り返す。

7　180℃に予熱したオーブンで35分焼成する。

Carrot Cake

キャロットケーキ

スパイスが香る、イギリス発祥のケーキですが
フロスティングにクリームチーズを入れたものは
アメリカから生まれたと言われています。
焼き上がりは大きくてびっくりすると思いますが、
本場の高さにしました。

材料 （15cm丸型）

人参 —— 200g
卵 —— 200g
きび砂糖 —— 140g
植物油 —— 80g
オレンジピール —— 50g
準強力粉 —— 200g
ベーキングパウダー —— 小さじ1
シナモンパウダー —— 小さじ2

Cream Cheese Frosting
クリームチーズフロスティング

バター —— 80g
粉砂糖 —— 80g
クリームチーズ —— 80g

作り方

0 型にベーキングシートを敷き入れる。側面は3cm高めにする（a）。

1 人参をスライサーで粗めにすりおろす（b）。

2 ボウルに卵、きび砂糖を入れ、ホイッパーで混ぜる。植物油を加え、さらに混ぜる。

3 オレンジピール、人参を加えて混ぜ、準強力粉、ベーキングパウダー、シナモンパウダーをふるい入れて混ぜる（c）。

4 生地を型に流し入れ、180℃に予熱したオーブンで60分焼く。

5 フロスティングを作る。ボウルに常温に戻したバター、粉砂糖を入れてハンドミキサーでふんわりするまで混ぜる。

6 常温のクリームチーズを後から加え混ぜる。先に加えるとふんわり仕上がらないので注意。

7 冷めた4を半分にスライスし、フロスティングをのせて表面をならし、生地をサンドする。好みで粉砂糖（分量外）を振る。

Biscoff Cheesecake

ビスコフチーズケーキ

日本では「ロータス」と呼ばれて親しまれている
キャラメル風味のビスケットを敷いた NY チーズケーキ。
現地でも人気のフレーバーです。

材料 （15cm丸型）

Cookie Crust
クッキー生地

ロータスビスケット —— 80g
溶かしバター —— 40g
塩 —— ひとつまみ

Cheesecake Filling
チーズケーキ生地

サワークリーム —— 40g
クリームチーズ —— 280g
グラニュー糖 —— 130g
コーンスターチ —— 40g
卵 —— 140g
生クリーム —— 200g
バニラペースト —— 小さじ1

Decoration
デコレーション

生クリーム —— 80g
グラニュー糖 —— 8g
ロータスビスケット —— 適量

作り方

0 サワークリーム、クリームチーズ、卵は室温に戻しておく。
型は底取式を使用し、側面だけにベーキングシートを敷く。
繰り返し使えるタイプのシートを使うと、よりきれいに仕上
がります。

1 クッキー生地を作る。ロータスビスケットは袋に入れ、めん
棒などで細かく砕く。溶かしバター、塩を加えて揉み混ぜる
（フードプロセッサーでもOK）。

2 型に1を入れ、手やコップの底で押さえて底に敷き詰め（a）、
冷蔵庫に入れる。

3 チーズケーキ生地を作る。材料をボウルに上から順番に加え、
滑らかになるまで混ぜる（フードプロセッサーでもOK）（b）。
好みで生地をこす。

4 2の型を冷蔵庫から取り出してアルミ箔で覆う。バットにの
せ、作った生地を流し入れる。

5 バットに2～3cmの湯を張り、170℃に予熱したオーブンで
50分焼く。湯がなくなったら適宜追加する。

6 オーブンの中で30分程度粗熱を取る。取り出したら常温に
なるまで置き、冷蔵庫で冷やす。

7 型から取り出し、生クリームとグラニュー糖を八分立てにし
たものを絞る（c）。ビスケットをデコレーションする。

Blueberry Cheesecake

ブルーベリーチーズケーキ

NYチーズケーキの中でも定番。
ブルーベリーソースはコーンスターチでとろみをつけるので
煮詰める必要がなく甘さを控えることができます。

材料 （15㎝丸型）

Cookie Crust
クッキー生地

グラハムクラッカー —— 80g
溶かしバター —— 40g
塩 —— ひとつまみ

Cheesecake Filling
チーズケーキ 生地

サワークリーム —— 38g
クリームチーズ —— 250g
グラニュー糖 —— 117g
コーンスターチ —— 36g
卵 —— 126g
生クリーム —— 180g
レモン汁 —— 大さじ1
ブルーベリー —— 110g

Blueberry Sauce
ブルーベリーソース

ブルーベリー —— 100g
グラニュー糖 —— 10g
レモン汁 —— 小さじ1
コーンスターチ —— 小さじ½
水 —— 大さじ½

作り方

★ P68の**0**と同様に準備する。

1 P68と同じ手順でクッキー生地を作る。型の底に敷き詰め、冷蔵庫に入れる。

2 チーズケーキ生地を作る。ブルーベリー以外の材料をボウルに上から順番に加え、滑らかになるまで混ぜる（フードプロセッサーでもOK）。好みで生地をこす。

3 **1**の型を冷蔵庫から取り出して底面をアルミ箔で覆う。バットに入れ、ブルーベリーを底に並べて作った生地を流し入れる（**a**）。

4 バットに2〜3㎝の湯を張り（**b**）、170℃に予熱したオーブンで45分焼く。 湯がなくなったら適宜追加する。

5 オーブンの中で30分程度粗熱を取る。 取り出したら常温になるまで置き、冷蔵庫で冷やす。

6 ブルーベリー、グラニュー糖、レモン汁を鍋に入れ中火で加熱し、ブルーベリーがソース状になるまで煮込む。

7 コーンスターチと水を溶いて鍋に入れる。混ぜながらとろみがつくまで加熱し（**c**）、容器に移して冷ます。

8 **5**を型から取り出し、**7**のソースをかけて食べる。

Popular American Donuts

アメリカのドーナツいろいろ

アメリカといえばドーナツ！
現地には日本未上陸のチェーン店も数多く、たくさんのドーナツと出合えます。
日本の定番とは少し違った、アメリカの定番ドーナツを
2種類の生地から紹介します。

Yeast Donuts with Cream & Jelly

イーストドーナツ　ホイップクリームとジャム

イーストで作るドーナツは日本でも今大人気。見た目もかわいらしく、
アレンジも自在です。レモンの皮を入れたレシピは、さっぱりと食べられます。
揚げたて、できたてのおいしさを味わってみて。

材料〈 （6個分）

Donut Dough ドーナツ生地

強力粉 —— 200g

グラニュー糖 —— 24g

塩 —— 4.5g

生イースト —— 6g（ドライイーストの場合は2g）

レモンの皮 —— 1/2個分

卵 —— 75g

水 —— 47g

バター —— 48g

作り方〈

1　ボウルにバター以外の材料を入れ、カードや手で全体を
混ぜ合わせる（ホームベーカリーなどでもOK）（ⓐ）。

2　生地がまとまったら、カードで作業台に取り出し、全体
を混ぜるようなイメージでこねる。

3　ベタつきが減ってきたら、作業台に打ち付けるようにし
て生地をまとめる（ⓑ）。

4　少しまとまりが出てきたら、バターを加えて練り込む。
グルテンが出るまで作業台に打ち付けて生地をこねる。

5　生地をボウルに入れてラップをし、冷蔵庫で12〜18時
間一次発酵させる（ⓒ）。

Shaping and Frying
成形して揚げる

強力粉（打ち粉）── 適量
揚げ油 ── 適量（鍋底から4cm程度）
グラニュー糖 ── 適量

作り方

1 クッキングシートを8cm×8cmにカットしたものを6個用意する。

2 発酵したドーナツ生地を6等分する。ガス抜きをして軽く丸め（**ⓐ**）、濡れ布巾を被せて15分置く。

3 打ち粉をしながら張りを出すように丸め、**1**のシートにのせる（**ⓑ**）。

4 上から濡れ布巾をかけ、布巾が乾かないように適宜確認しながら、35℃で30〜45分ひとまわり大きくなるまで発酵させる。

5 生地の発酵が終わったら、鍋に揚げ油を熱し、165〜170℃で片面2分ずつ色よく揚げる。クッキングシートは揚げている途中で自然に剥がれるので取り出す（**ⓒ**）。

6 揚がったらバットに出し、粗熱が取れたらグラニュー糖をまぶす。

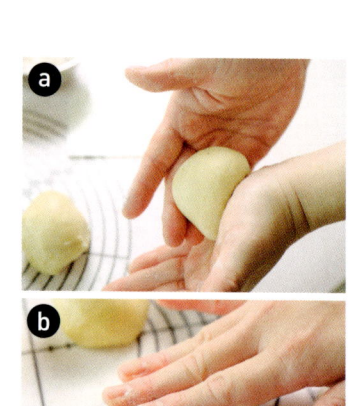

Decoration

デコレーション

材料

生クリーム —— 110g
グラニュー糖 —— 10g
さくらんぼ —— 適量
好みのジャム —— 適量

作り方

1 ボウルに生クリームとグラニュー糖を入れ、八分立てに泡立てる。

2 星の口金をセットした絞り袋に入れる。

3 ドーナツの側面にナイフなどで穴を開け（**a**）、生クリームを絞り入れる（**b**）。さくらんぼをのせる。

4 生クリームの代わりにジャムを入れても（**c**）。

Glazed Donuts

グレーズド・ドーナツ

イーストドーナツのレシピで、
穴が開いたドーナツにもチャレンジ。
表面にコーティング（グレーズ）をかけると本格的な見た目になります。

材料 （6個分）

Donut Dough ドーナツ生地

強力粉 —— 200g
グラニュー糖 —— 24g
塩 —— 4.5g
生イースト —— 6g
　（ドライイーストの場合は2g）
レモンの皮 —— ½個分

卵 —— 75g
水 —— 47g
バター —— 48g
強力粉（打ち粉） —— 適量
揚げ油 —— 適量
　（鍋底から4cm程度）

Glaze グレーズ

粉砂糖 —— 60g
水 —— 10〜12g

作り方

0 P74を参考に、基本の生地を作り一次発酵させる。クッキングシートを8cm×8cmにカットしたものを6個用意する。

1 発酵したドーナツ生地を6等分する。ガス抜きをして軽く丸め、濡れ布巾を被せて15分置く。

2 打ち粉をしながら張りを出すように丸め、**0**のシートにのせる。

3 4cmの丸型で中央を抜く（）。上から濡れ布巾をかけ、布巾が乾かないように適宜確認しながら、35℃で30〜45分ひとまわり大きくなるまで発酵させる。余った生地は次の工程で一緒に揚げるか、アップルフリッター（P88）に活用する。

4 生地の発酵が終わったら、鍋に揚げ油を熱し、165〜170℃で片面2分ずつ色よく揚げる。穴が閉じないように菜箸を差し込み、くるくると回す（）。

5 グレーズの材料をボウルに入れスプーンなどで混ぜ、ドーナツがほんのり温かいうちにつける（）。室温に置くと自然と固まる。

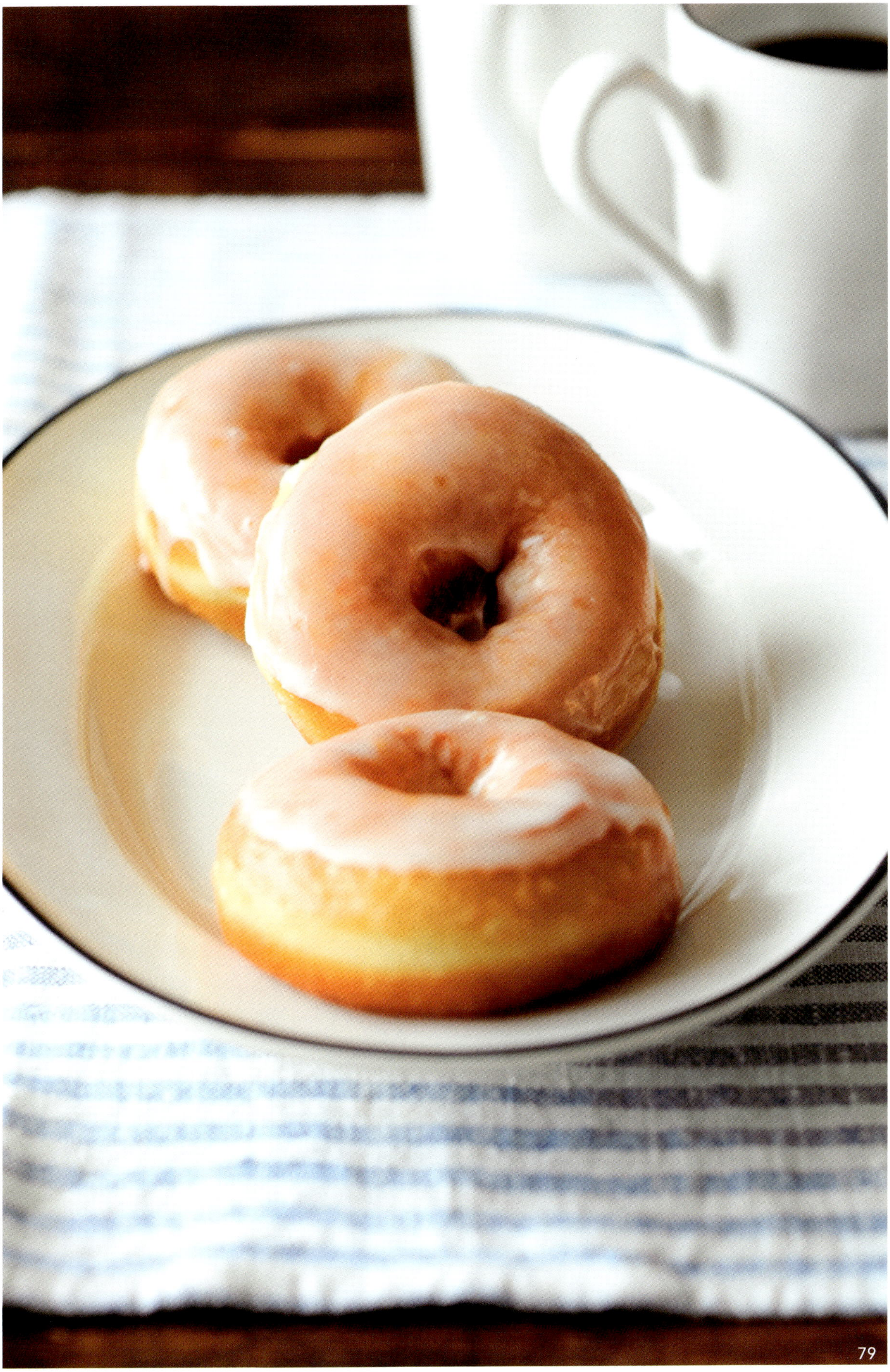

Crème Brûlée Donuts

クリームブリュレドーナツ

イーストドーナツのおすすめアレンジ。
ちょっとハードルが高く感じるかもしれませんが、
作ってみれば簡単なので、ぜひお試しを!

Custard Cream カスタードクリーム

材料 （作りやすい分量）

卵黄 —— 20g（1個分）　　グラニュー糖 —— 適量
グラニュー糖 —— 20g
薄力粉 —— 8g
牛乳 —— 85g
バニラペースト —— 1g

作り方

0 P74、76のレシピを参考にドーナツ生地を作り、揚げる。

1 カスタードクリームを作る。ボウルに卵黄とグラニュー糖を入れてホイッパーで混ぜ、薄力粉をふるい入れて混ぜる。

2 鍋に牛乳を入れて沸騰直前まで温め、**1**のボウルに少しずつ加えながら混ぜる。

3 **2**を鍋に戻し入れ、ホイッパーまたはゴムベラで混ぜながら中火にかけて沸騰させる。バニラペーストを加える。

4 清潔なバットに入れ、空気が入らないようにラップを密着させ、氷水などで冷やす。

5 カスタードをほぐし、丸口金をセットした絞り袋に入れる。

6 ドーナツを横に倒し、中央にナイフなどで穴を大きめに開ける。カスタードを少しはみ出る程度に絞る（**a**）。

7 グラニュー糖を入れたボウルに、ドーナツをくぐらせる。カスタードにグラニュー糖がつけばOK（**b**）。

8 バーナーを使い、カスタードの面全体をあぶって、キャラメリゼする（**c**）。

Old Fashioned Donuts

オールドファッションドーナツ

アメリカのオールドファッションといえば
ナツメグを効かせた味わいです。
重すぎず、ほどよく軽い食べごたえです。

材料 （4〜6個分）

バター —— 40g
グラニュー糖 —— 60g
卵 —— 50g
塩 —— ひとつまみ
薄力粉 —— 230g
ベーキングパウダー —— 8g
ナツメグパウダー —— 小さじ½
A｜牛乳 —— 50g
　｜サワークリーム —— 20g
揚げ油 —— 適量（鍋底から4㎝程度）

作り方

1 ボウルにやわらかくしたバター、グラニュー糖を入れ、ふんわりするまでゴムベラでぐるぐると混ぜる。

2 溶いた卵を少しずつ加えて同じように混ぜ、塩を加えてさらに混ぜる。

3 薄力粉、ベーキングパウダー、ナツメグパウダーをふるい入れ、切るように混ぜる。

4 8割程度混ざったら**A**を混ぜて加え、まとまるまで混ぜる（ⓐ）。

5 打ち粉（分量外）をした作業台に生地を取り出す。生地の上にも打ち粉をし、生地をまとめめん棒で1.5㎝位の厚みにのばす。

6 生地を直径8㎝の丸型で抜き（ⓑ）、中は直径4㎝の丸型で抜く。6㎝ほどの丸型か竹串で筋をつけると、きれいな形に揚がる（ⓒ）。余った生地はまとめなおして成形する。

7 鍋に揚げ油を熱し、165〜170℃で片面2〜3分ずつ色よく揚げる。

Old Fashioned Donuts with Pink Glazed

オールドファッション　ピンクグレーズがけ

きれいなピンク色のグレーズは、
ハイビスカスティーを使うのがポイント。
ココナッツファインをのせ、食感もよく仕上げました。

Glaze グレーズ

材料 （4〜6個分）

ハイビスカスティー —— 2g
湯 —— 20g
粉砂糖 —— 60g
ココナッツファイン —— 適量

作り方

0 P82のレシピを参考にドーナツ生地を作り、揚げる。

1 ボウルにハイビスカスティーを入れて湯をかけ、濃いお茶を作る（ⓐ）。

2 別のボウルに粉砂糖と、**1**のハイビスカスティー10〜12g程度を入れて混ぜる。

3 **2**にドーナツをディップする（ⓑ）。

4 グレーズが乾かないうちに、ココナッツファインをまぶす（ⓒ）。

ⓐ
ⓑ
ⓒ

Chocolate
Old Fashioned Donuts

チョコレートオールドファッション

カカオ生地のケーキドーナツにチョコレートとクランチをトッピング。
チョコ尽くしの濃厚な一品です。

材料 （4〜6個分）

Donut Dough ドーナツ生地

バター —— 40g	ココアパウダー —— 30g
グラニュー糖 —— 60g	ベーキングパウダー —— 8g
卵 —— 50g	**A** 牛乳 —— 50g
塩 —— ひとつまみ	サワークリーム —— 20g
薄力粉 —— 200g	揚げ油 —— 適量（鍋底から4㎝程度）

Decoration デコレーション

コーティング用チョコレート —— 適量
チョコクランチ —— 適量

作り方

1 ボウルにやわらかくしたバター、グラニュー糖を入れ、ふんわりするまでゴムベラでぐるぐると混ぜる。

2 溶いた卵を少しずつ加えて同じように混ぜ、塩を加えてさらに混ぜる。

3 薄力粉、ココアパウダー、ベーキングパウダーをふるい入れ、切るように混ぜる（ⓐ）。

4 8割程度混ざったら**A**を混ぜて加え、まとまるまで混ぜる。

5 打ち粉（分量外）をした作業台に生地を取り出す。生地の上にも打ち粉をし、生地をまとめめん棒で1.5㎝位の厚みにのばす。

6 生地を直径8㎝の丸型で抜き、中は直径4㎝の丸型で抜く。6㎝ほどの丸型か竹串で筋をつける（ⓑ）と、きれいな形に揚がる。

7 鍋に揚げ油を熱し、165〜170℃で片面2〜3分ずつ色よく揚げる。

8 粗熱が取れたら、溶かしたコーティング用チョコレートにディップ（ⓒ）し、チョコクランチをまぶす。

Apple Fritters from Donut Holes

余った生地のためのアップルフリッター

**本来は液状の生地でりんごをあえて揚げるお菓子ですが、
イーストドーナツの余り生地でアレンジしました。
無駄なく全ておいしく召し上がれますよ。**

材料 （4個分）

Donut Dough ドーナツ生地

イーストドーナツ生地（P74〜80のレシピ）—— 135g
りんご —— 30g
揚げ油 —— 適量（鍋底から4cm程度）

Glaze グレーズ

粉砂糖 —— 60g
水 —— 10〜12g

作り方

1 りんごは1cm角にカットする。クッキングシートを
8cm×8cmにカットしたものを4個用意する。

2 成形した際に残ったイーストドーナツ生地をまとめ、
りんごを包むように混ぜる（**a**）。

3 4等分したらクッキングシートにそれぞれのせ、平
らになるようにならす（**b**）。

4 上から濡れ布巾をかけ、布巾が乾かないように適宜
確認しながら、室温でひとまわり大きくなるまで発
酵させる。

5 生地の発酵が終わったら、鍋に揚げ油を熱し、165
〜170℃で片面2分ずつ色よく揚げる。

6 グレーズの材料をボウルに入れスプーンなどで混ぜ、
ドーナツがほんのり温かいうちにつける。室温に置
くと自然と固まる。

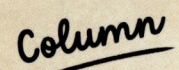

Column

アメリカ滞在の日々を
写真で紹介します。
これは人気店
「Donuts Friends」の
ヴィーガンドーナツです♡

A

B

D

C

E

A

アメリカでは何気ないカフェにもおいし
そうなドーナツがずらり。種類豊富で選
ぶのも楽しい！ コーヒーとあわせて朝
ごはんにもぴったりです。

B

サンフランシスコでお気に入りの
「SightGlassCoffee」に並ぶ、洗練され
た印象のキャロットケーキやチョコレー
トケーキ。とてもかわいい！

C

NY発で全米中に大ブームを起こしてい
る分厚いクッキー。甘くてしっとり、中
毒性のある味わいで、アメリカで好きに
なったお菓子のひとつ。

D

イタリアとアルゼンチンを融合したLA
のカフェで、週末限定のリコッタパンケ
ーキ。ブランチは家族や友人とのんびり
過ごす特別な時間。

E

NYの人気店「Lady M」でミルクレープ
を堪能。日本発祥のこのケーキ、アメリ
カでも大人気で、地元の人々で賑わう姿
が印象的でした！

F

F
フランスの文化が色濃く残るニューオリンズで根付いたベニエ。写真はシアトルで朝ごはんに食べたもの。粉砂糖たっぷりでおいしい！

G
ヴィーガン、グルテンフリーなどの人口が多いカリフォルニアで人気のスーパー「Erewhon」。完全オーガニックの定番スイーツが並びます。

H
キーライムパイとリコッタチーズケーキ。特に前者は練乳のやさしい甘さと爽やかな酸味が絶妙。日本でなかなか見かけないのが残念！

I
近所の人たちとのパーティ用に作りました。アメリカではスーパーにアルミのケーキ型が並んでいて、ベーキングはとても身近な存在。

J
アメリカのキャロットケーキは、どこで食べても高さがあって存在感抜群！ 写真はNYのレストランで、シンプルな味わいが◎。

K
カップケーキはアメリカにはなくてはならないスイーツ。甘いフロスティングがこれぞアメリカ！ と思わせてくれます。

材料や道具について

本書で使っている材料と調理器具、ラッピング資材などを紹介します。
おもに「富澤商店」を代表とする製菓用品店、「伊藤景パック産業」を代表とするパッケージメーカーで
購入することができます。前者は店舗・オンラインショップがあり、後者はおもに
業者向けですが一般にオンラインショップもありますので、ぜひ利用してみてください。

本書では、薄力粉と書かれたものは「ドルチェ」を、準強力粉と書かれたものは「リスドォル」を使用しています。どちらも使い勝手がよくくせもないので、お菓子づくりにおすすめです。

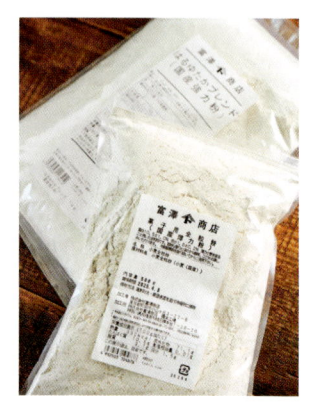

ドーナツの生地で使用する強力粉は「はるゆたかブレンド」を使用。全粒粉を使うレシピには、「菓子用全粒粉」を使用しています。

スパイスはアメリカ菓子に不可欠。スーパーに売っている一般的なもので構いません。バニラビーンズはさやで買うと高価なので、使い勝手がよく日持ちもするペーストタイプを愛用しています。

具材として入れる場合は「クーベルタブレット　EXビター」を、溶かして生地に使う場合は「ヴァローナ　フェーブ カラク」を使っています。チョコレートは良いものを使うとおいしさが段違いです。

生地に使うクッキーは、MISURA（ミズーラ）の全粒粉ビスケットを使用しています。香ばしくてそのまま食べてもおいしく、ついつい手がとまらなくなります。好みのクッキーで代用しても。

本書で「きび砂糖」と書かれているものは、写真のブラウンシュガーを使用しています。上白糖やグラニュー糖で代用しがちかもしれませんが、きちんと使い分けることで、味が本格的になります。

本書で使用している型は15cm丸型、15cmスクエア型、内径22cmブリキパイ皿、内径21.5cmガラスパイ皿です。前者2つは底が取れるものが便利。ブリキ型は中身が取り出しやすいですが、ガラス型は取り出しにくいので注意。

作ったパイをプレゼントする場合は、使い捨てのパイ皿を推奨します。写真の手前は内径15.7cm×3.5cm、奥は内径21cm×2cmのもの。取り出すときはL字のケーキサーバー推奨です。

使い捨ての透明なカップを活用すれば、大人数の集まりでもお菓子を持っていきやすいです。写真は、伊藤景パックの「プリーネ PS」に「バナナプディング」を入れたもの。取り分けずに手軽に食べられます。

食べるときに手が汚れるドーナツは、トレーに入れて渡すと便利。「ハンディークラフトトレー」にシリコンシートを敷いてから入れれば、ドーナツ屋さんで売っているかのような特別な見た目になります。

目の細かい「くりかえし使えるオーブンシート」は、型のサイズに切って使え、洗って再利用でき経済的。オーブンシートにはつるりとした「セパラット」がおすすめ。お菓子がくっつきにくく焼き上がりもきれい。

ドーナツの型抜きに便利なセルクル型。大きいものから直径8cm、6cm、4cmです。一度購入しておくと、お菓子づくりにはいろいろと役立ちます。もちろん、クッキーの型やコップなどでも問題ありません。

おわりに

最後まで本書をご覧いただき、ありがとうございました。

私が滞在していたロサンゼルスは、アメリカだけでなく、
ヨーロッパやアジア、国境の近いメキシコなど、
さまざまな文化が混ざり合う街でした。
お菓子も、日本で思い浮かべるようなカラフルで甘いものばかりではなく、
全粒粉やブラウンシュガーを使ったものなど、
意外と素朴なものも多かったです。
本書ではそんなアメリカで見つけたお菓子を、
現地の空気を感じてもらえるよう工夫してご紹介しました。
本書を通じて、お菓子を知ること、作ること、食べることを
より楽しく感じてもらえたら、とてもうれしいです。

アメリカはとても広く、地域ごとに食文化も異なります。
これからもアメリカ各地を巡りながら、
皆さんに新しい発見をお届けできればと思っています。

SAWAKO

SAWAKO

お菓子研究家。東京都目黒区「Fait Beau Tokyo」でお菓子教室を主宰。
ル・コルドン・ブルー卒業後、渡英・渡仏。フランス菓子やアメリカ
菓子を中心にレッスンを行うほか、外国人向けレッスン、レシピ提供、
フードコンサルタントとしても活動。著書に『パリのかわいいお菓子
づくり』(朝日出版社)がある。

Staff

デザイン ──────── 蓮尾真沙子 (tri)
調理アシスタント ── 三上智津瑠
撮影 ────────── 三村健二
編集 ────────── 梶原綾乃
校正 ────────── 鴎来堂
協力 ────────── 株式会社富澤商店　https://tomiz.com/
　　　　　　　　　伊藤景パック産業株式会社　https://itokei.co.jp/

ザクザク食べたい
アメリカンスタイルのお菓子

著　者　SAWAKO

編集人　栃丸秀俊
発行人　倉次辰男
発行所　株式会社主婦と生活社
　　　　〒104-8357 東京都中央区京橋3-5-7
　　　　TEL 03-5579-9611 (編集部)
　　　　TEL 03-3563-5121 (販売部)
　　　　TEL 03-3563-5125 (生産部)
　　　　https://www.shufu.co.jp
製版所　株式会社公栄社
印刷所　大日本印刷株式会社
製本所　株式会社若林製本工場

ISBN978-4-391-16419-0